# BEI GRIN MACHT SICH IHR WISSEN BEZAHLT

- Wir veröffentlichen Ihre Hausarbeit, Bachelor- und Masterarbeit

- Ihr eigenes eBook und Buch - weltweit in allen wichtigen Shops

- Verdienen Sie an jedem Verkauf

**Jetzt bei www.GRIN.com hochladen und kostenlos publizieren**

**Bibliografische Information der Deutschen Nationalbibliothek:**

Die Deutsche Bibliothek verzeichnet diese Publikation in der Deutschen National-
bibliografie; detaillierte bibliografische Daten sind im Internet über http://dnb.d-
nb.de/ abrufbar.

**Impressum:**

Copyright © 2015 GRIN Verlag, Open Publishing GmbH
Druck und Bindung: Books on Demand GmbH, Norderstedt Germany
ISBN: 9783656927433

**Dieses Buch bei GRIN:**

http://www.grin.com/de/e-book/294957/schillers-die-raeuber-in-bezug-auf-die-
epoche-sturm-und-drang

Nicole Weber

# Schillers "Die Räuber" in Bezug auf die Epoche Sturm und Drang

GRIN Verlag

**GRIN - Your knowledge has value**

Der GRIN Verlag publiziert seit 1998 wissenschaftliche Arbeiten von Studenten, Hochschullehrern und anderen Akademikern als eBook und gedrucktes Buch. Die Verlagswebsite www.grin.com ist die ideale Plattform zur Veröffentlichung von Hausarbeiten, Abschlussarbeiten, wissenschaftlichen Aufsätzen, Dissertationen und Fachbüchern.

**Besuchen Sie uns im Internet:**

http://www.grin.com/

http://www.facebook.com/grincom

http://www.twitter.com/grin_com

**Facharbeit**
**im Leistungskurs Deutsch**


**Schillers „Die Räuber" im Bezug auf die Epoche „Sturm und Drang"**


Abgabetermin: 23.02.2015

# Inhaltsverzeichnis

# 1. Einleitung

Die Entscheidung meine Facharbeit im Leistungskurs Deutsch zu schreiben fiel mir sehr leicht, da ich mich für dieses Fach schon immer besonders interessiert habe, die Themen sehr ansprechend fand und es mir auch Spaß macht, mich mit den literarischen Gattungen Lyrik, Epik und Dramatik auseinanderzusetzen. Gewählt für meine Facharbeit habe ich dann den Bereich der Dramatik, da ich es sehr spannend finde zu sehen, wie aus einer verschriftlichen Fassung eines Dramas ein Theaterstück für die Bühne wird. Inspiriert wurde ich im Unterricht von Schillers Drama „Kabale und Liebe", welches wir auch häufig schauspielerisch interpretiert haben.

Da mich Schiller hier schon sehr fasziniert und angesprochen hat, wollte ich bei meiner Facharbeit auch auf ein Werk von Schiller zurückgreifen und wählte „Die Räuber", welches ich im Folgenden auf typische Sturm und Drang - Merkmale untersuchen möchte.

Dafür möchte ich zunächst die typischen literarischen Merkmale der Epoche darstellen und gesellschaftliche Strukturen und Probleme der Zeit nennen.

Im Anschluss werde ich das Drama „Die Räuber" kurz vorstellen und die Themen und Figurenkonstellationen vorstellen. Weiter werde ich die Hauptfigur Karl Moor im Hinblick auf typische Sturm und Drang Merkmale charakterisieren und mich hier an der Leitfrage „Verkörpert Karl Moor den Typus eines Stürmers und Drängers?" orientieren. Um die Epoche näher zu verstehen, finde ich es außerdem wichtig, den formalen Aufbau des Dramas und den Schreibstil Schillers mit in meine Analyse einzubeziehen und Schillers Biographie funktional zu präsentieren. Hier möchte ich mir die Frage stellen wie viel Schiller in Karl Moor steckt.

Von meiner Facharbeit erhoffe ich mir, die Epoche des Sturm und Drangs noch näher kennenzulernen als es in der knappen Zeit des Unterrichts möglich ist und auch, dass mir das bis jetzt noch relativ unbekannte Drama „Die Räuber" verständlich wird und ich es auf die Epoche des Sturm und Drang beziehen kann.

## 2. Literarische Merkmale des Sturm und Drangs

Die Literaturepoche des Sturm und Drangs, benannt nach dem gleichnamigen Schauspiel von Friedrich Maximilian Klinger, kann in etwa auf die Jahre 1765 – 1790 datiert werden und wird auch Geniezeit oder Genieperiode genannt. Träger dieser Epoche sind überwiegend junge Autoren zwischen etwa zwanzig und dreißig Jahren, die das literarische Schaffen gestalteten und sich besonders gegen die vorherrschende Strömung der Aufklärung wandten. Stürmer und Dränger lehnten das vernunftorientierte Handeln strikt ab und folgten stets ihrem Herz und ihren Gefühlen. Deswegen lässt sich als Leitbild des Sturm und Drang das Originalgenie festhalten. Dieses Genie mach sich seine Regeln und Gesetze selbst, handelte nach eigenen Wünschen und orientiert sich am Herz und an seinen Gefühlen und nicht wie bereits genannt, am Verstand. Gemeinsam mit der Epoche der Aufklärung hat der Sturm und Drang allerdings, dass sich beide Epochen gegen das absolutistische System stellen und die Welt des Adels am Hofe ablehnten. Der Protest gegen den Feudalismus ist deshalb ein zentraler Aspekt der sich in beiden Strömungen finden lässt.[1]

Hauptmerkmal des Sturm und Drangs ist es, dass sich die Gefühle des Individuums weniger nach innen, sondern nach außen wenden und sich die introvertierte Empfindsamkeit zu extrovertierter Leidenschaft wendet. Man strebt nach Entfaltung des inneren Reichtums zum Streben nach Veränderung der äußeren Verhältnisse. Charakteristisch ist auch der Ruf „Zurück zur Natur" von Jean-Jacques Rousseau ( 1712-1778). Die Stürmer und Dränger waren sehr naturverbunden und bestrebt, den Menschen zurück zum natürlichen Urzustand zu führen.

Vor einer Revolution schreckten die Stürmer und Dränger jedoch zurück. Die Kritik am bestehenden absolutistischen System schlug sich ausschließlich intellektuell und künstlerisch nieder.[2] Häufig finden wir in den literarischen Werken des Sturm und Drangs einen „Selbsthelfer", der alles auf sich nimmt, um seine eigene Individualität auszuleben und dabei oft radikal gegen die gesellschaftliche Normen verstößt.

Diese Entschlossenheit und Radikalität passte nicht zu den steifen Regeln des Barocks oder der Aufklärung, die für die Poesie klare Regeln voraussetzten. Gegen diese Starre wandten sich die Stürmer und Dränger, indem die Autoren der Epoche starke Kraftausdrücke, Halbsätze und volkstümliche, jugendliche Sprache verwendeten.[3]

[1] http://wortwuchs.net/literaturepochen/sturm-und-drang/
[2] Winfried Freund – Schnellkurs; Deutsche Literatur S. 68-69
[3] http://wortwuchs.net/literaturepochen/sturm-und-drang/

Zusammenfassend lassen sich also als typische Merkmale des Sturm und Drangs der Geniebegriff, die freie Poetik, das Gefühl als zentrales Element, die ausdrucksstarke Sprache und die Kritik am Feudalismus und an bestehenden Systemen nennen.

Eine der häufigsten literarischen Gattungen dieser Zeit war das Drama, das den Konflikt zwischen der Jugend, die den Sturm und Drang verkörperten, und der bestehenden Weltordnung thematisierte.

Da die herkömmliche, bisherige Form des Dramas den jungen, gefühlsstarken Dichtern nicht mehr ausreichte um ihre Ansichten zu präsentieren, sprengten die Stürmer und Dränger die traditionelle Form des Dramas. Verzichtet wurde oft auf die Einheit von Zeit, Ort und Handlung. Außerdem ersetzten sie das strenge Versmaß durch eine wilde, zum Teil umgangssprachliche Prosa.

Als Hauptfigur wurde der, wie oben schon genannt, typische Vertreter des Sturm und Drangs eingesetzt, der sich als nach Freiheit strebendes Naturgenie und rebellischer, junger Mensch herausstellt und sich gegen die herrschende Ordnung wendet. Auch wurden auf die Bühne häufig „Verbrecher", wie der Räuber Karl Moor (auf Karl Moor wird im Verlauf meiner Arbeit noch näher eingegangen) gebracht.

Der Konflikt zwischen Leidenschaft und Moral war ein weiteres zentrales Thema für die dramatischen Stücke dieser Epoche. Typisch ist es, dass der Held am Ende an gesellschaftlichen Normen und Regeln scheitert und seine eigene, nach Freiheit strebende Persönlichkeit nur durch Selbstmord oder Mord retten kann. Völlig neu und revolutionär für diese Zeit war, dass in den Dramen des Sturm und Drangs Probleme der Gesellschaft thematisiert wurden. Hier wurde meistens der Konflikt zwischen Adel und Bürgertum aufgezeigt.

Die verwendete Sprache in den Dramen dieser Epoche ist meist von gefühlsbetonten Worten, Ausrufen, unvollständigen Sätzen und Kraftausdrücken geprägt, was das Drama als Jugendsprache dieser Zeit kennzeichnen kann. Häufig konnten die Dramen gar nicht – oder nur sehr schwer auf der Bühne richtig dargestellt werden, da sich die Autoren nicht an die traditionelle Formen des Theaters halten wollten und häufige Schauplatzwechsel auftraten.[4]

---

[4] http://www.rossipotti.de/inhalt/literaturlexikon/epochen/sturm_und_drang.html

## 2a) Gesellschaftliche Strukturen und Probleme zur Zeit des Sturm und Drangs

Zur Zeit des Sturm und Drang und generell im 18. Jahrhundert konnte man von keinem geeinten Deutschland reden, sondern es bestand aus zahlreichen einzelnen Territorien, die alle unter einer absoluten Herrschaft standen.

Die gesellschaftliche Struktur war jedoch in allen Territorien ähnlich. Die Spitze der Pyramide bildeten die Fürsten, welche autokratisch über ihren jeweiligen Staat, stets auf ihren Vorteil bedacht, regierten. Auf sie folgte der Adel, der sich durch seine rechtliche Stellung und dem Adelstitel von den unteren Ständen abhob.[5] Der Lebensstil des Adels lässt sich als leidenschaftlich und leichtfertig beschreiben. Das Leben jener konnte verglichen werden mit einem ewigen Rausch und war geprägt durch zahlreiche Veranstaltungen wie Bälle, Konzerte, Jagden, oder zahlreichen Aktivitäten im Freien oder am Hofe, wo es vor allem um sehen und gesehen werden ging. Beschrieben werden können diese Tagesabläufe als lustiges und nichtsnutziges Treiben, in welchem man sich Tag aus Tag ein bewegte.

Frivolität und Unverschämtheit zählten hier zum guten Ton, wogegen Ernsthaftigkeit und Fleiß für Steifheit stand.[6]

Dem Stand des Adels folgten die Bürger, die aus Menschen mit verschieden Berufen bestanden. Die Bildungsbürger (Beamte, Mediziner etc.) entwickelten im Laufe der Zeit ein neues Selbstverständnis, das von einer ordentlichen Lebensführung, Moralvorstellungen, Toleranz, Fleiß, Tätigkeit und Hilfsbereitschaft geprägt war, sodass sie sich dem Adel gegenüber moralisch überlegen fühlte und ihr Selbstbewusstsein stark aufbauten. Die Emanzipation des Bürgertums setzte sich zwar langsam durch, doch der Adel konnte seine Vormachtstellung bewahren, welche sich in ihrer Willkürherrschaft ausdrückte.[7]

---

[5] https://deutschkursd2.wordpress.com/2009/05/07/die-politische-soziale-und-okonomische-situation-in-deutschland-im-18-jahrhundert/
[6] Deutsch betrifft uns 5 – 2012 : Das Leben am Hof
[7] Deutsch betrifft uns 5 – 2012 : Adel und Bürgertum

## 3. Themen und Figurenkonstellationen des Dramas „Die Räuber" als Drama des Sturm und Drang

Das Drama „die Räuber" wurde von Friedrich Schiller verfasst und 1781 veröffentlicht. Als zentrales Thema ist typisch für die Sturm und Drang - Epoche, der Konflikt zwischen Gefühl und Verstand und das Verhältnis von Gesetz und Freiheit.

Das Drama spielt im Deutschland des 18. Jahrhunderts. Hauptfiguren sind die beiden Brüder Karl Moor und Franz Moor, Söhne des Grafen Maximilian von Moor, die von Natur aus komplett unterschiedlich sind. Zum einen ist da Franz Moor, der kalt, berechnend und intrigant ist und immer im Schatten des Erstgeborenen Karl Moors stand, welcher von seinem Vater innig geliebt wurde, Franz ist kalt, berechnend und intrigant. Auf der anderen Seite steht der erstgeborene, gut aussehende Karl Moor, der in Sachsen ein ungezügeltes Studentenleben führt. Als sein ausschweifender Lebenswandel zu hohen Schulden führt, beschließt Karl einen Brief an seinen Vater zu schreiben, um ihn um Verzeihung zu bitten und Besserung zu versprechen. Dieser Brief gelangt jedoch in die Hände seines eifersüchtigen Bruders Franz, der dem Vater einen gefälschten Brief präsentiert, indem er die Sünden seines Bruder überzeichnet darstellt, um Karl beim Vater in Missgunst zu bringen. Enttäuscht von seinem einst so geliebten Karl verstößt und enterbt Maximilian Moor seinen Sohn und überlässt die Antwort an ihn seinem Sohn Franz, der nun die Macht in seinen Händen hält und gedenkt, einen vernichtenden Streich gegen seinen Bruder zu führen.

Sein Versuch, Karls Jugendliebe Amalia für sich zu gewinnen, scheitert allerdings, da Amalia versichert, ihrem geliebten Karl auf ewig treu zu bleiben.

Verzweifelt von der Antwort des Vaters, gründet Karl eine Räuberbande, in der er sich für die Schwachen einsetzt und er deren Hauptmann wird. Sein Wunsch auf diese Weise für soziale Gerechtigkeit zu sorgen, erfüllt sich allerdings nicht, denn neben Vertretern der Obrigkeit werden auch Unschuldige zu Opfern der Bande. Karl zweifelt nun an seinem eingeschlagenen Weg und beschließt inkognito zu seinem Vater und seiner Geliebten Amalia zurückzukehren. Inzwischen ist es Franz durch weiter Lügen über seinen Bruder Karl gelungen, seinem Vater das Herz zu brechen, indem er ihm mitteilte, Karl sei für tot erklärt worden. So konnte Franz die Herrschaft an sich reißen. Den getarnt auftretenden Karl erkennt Amalia zunächst nicht. Dennoch spürt sie eine Verbundenheit mit ihm, während Karls Liebe zu ihr sich noch verstärkt. Franz entdeckt allerdings schneller die Identität des scheinbar Fremden, doch sein Attentat scheitert. Karl entdeckt seinen für tot geglaubten Vater im Hungerturm, indem Franz ihn verwahren ließ, und beschließt Rache an seinem Bruder zu nehmen. Im Angesicht der nahenden Räuberbande, die das Schloss stürmen, entzieht sich Franz seiner Festnahme und begeht Selbstmord. Am Ende gibt Karl seinem Vater und Amalia seine Identität Preis, worauf der Vater stirbt, da er es nicht ertragen kann zu sehen, wie sein einstiger Lieblingssohn zum Verbrecher wurde. Eine Rückkehr zu Amalia, die weiter an ihrer Liebe zu Karl festhält, ist ihm nicht möglich, da er sich mit einem Eid an die Räuber gebunden hat. Amalia möchte ohne ihn allerdings nicht weiterleben und verlangt von Karl, sie zu töten. Karl tötet sie darauf und stellt sich selbst der Justiz.

Ein zentrales Element im Drama „Die Räuber" ist das sogenannte „Räuberproblem im 18. Jahrhundert", was meiner Meinung nach als weiteres Element des Sturm und Drangs gedeutet werden kann.

Als Räuber fanden sich im 18. Jahrhundert die Menschen zusammen, die in der Standesgesellschaft entweder dem untersten Stand angehörten oder aus der Gesellschaft verstoßen, und so gezwungen wurden umherzuwandern. Diese Menschen bildeten dann Räubergruppen, die von einem Hauptmann autoritär geführt wurden. Gemeinsam führten sie Diebstähle und Betrügereien durch und schreckten auch vor Gewaltverbrechen nicht zurück. Zentrales Beispiel für einen bekannten Räuberhauptmann ist der „Sonnenwirt", auf welchen sich Schiller auch in seinem Drama „die Räuber" stützt, und welcher im Jahr 1761 gefasst und hingerichtet wurde.[8] Erschwert wurde die Verfolgung der Banden durch die Tatsache, dass Deutschland aus mehreren einzelnen, souveränen Territorien bestand. Mit Einfluss des napoleonischen Frankreichs und dem Reichsdeputationshauptschlusses im Jahr 1803 allerdings, verlor das Räuberproblem zunehmend an Bedeutung, da sich die Zahl der zersplitterten Territorien stark verringerte.[9] Räuber richteten sich vor allem gegen das aufstrebende Selbstbewusstsein der Bürger und kritisierten diese Gesellschaft scharf, welche nach den Idealen der Aufklärung handelte, ihre Gefühle unterdrückte und nach den Prinzipien der Konventionalität, des Rationalismus und der Nützlichkeit strebten.

Die charakteristischen Elemente der Räuber zeigen, dass sie zum einen sehr verbunden mit der Natur sind, da sie in Wäldern und Höhlen nach Schutz und Freiheit suchten und sich zum anderen gegen die Aufklärung und die Ständegesellschaft wandten. Auch das Leben für den Moment, die Unvernünftigkeit, das stürmische Temperament und die sehr

---

[8]Schöningh – EinFach Deutsch „Friechrich Schiller – Die Räuber... verstehen"
[9]Schöningh – Zeiten und Menschen 1

ausdrucksstarke Sprache lassen mich die Räuber als Anhänger des Sturm und Drangs identifizieren.

## 4. Karl Moor - handelt es sich bei der Figur um einen typische Vertreter des Sturm und Drang?

Karl Moor ist der älteste Sohn des Grafen Maximilian von Moor und somit erbberechtigt. Aufgrund dessen wird er vom Vater stets bevorzugt und stellt seinen Bruder Franz in den Schatten. Karl ist Halbwaise und verliebt in die, ebenfalls adelige, Amalia. Sein Studium beginnt er in Sachsen, wo er einen ausschweifenden Lebensstil führt und hoch verschuldet ist (vgl. Akt 1, Szene 1).

In der zweiten Szene wird deutlich, dass Karl und sein Kumpane Spiegelberg gemeinsam aus Sachsen fliehen wollen, weil sie dort mittlerweile schon aufgrund ihrer hohen Schulden gesucht werden. Schon zu Beginn dieser Szene wird deutlich, dass Karl Ansichten vertritt, die denen des Sturm und Drang zuzuordnen sind. Er beklagt sich, dass es zu seiner Epoche, im Gegensatz zur Antike, an mutigen Männern mangeln würde. Karl sehnt sich nach dem „Genie", das großes vollbringt und sich vom Gefühl, dem „Herz" und der „gesunde[n] Natur" leiten lässt. Auch der Fluchtgedanke von ihm ist ein typisches Merkmal des Sturm und Drangs. Er sucht nach Freiheit, sehnt sich nach großen Taten und kritisiert die Enge und Scheinheiligkeit der bürgerlichen Gesellschaft. Außerdem trifft er überstürzte Entscheidungen. Er schließt sich sehr schnell der Räuberbande an und wird sogar zu ihrem Hauptmann ernannt, wobei er schwört, ihr „Hauptmann zu bleiben bis in den Tod" und hat starke Stimmungsschwankungen, da er sich nur von seinen Gefühlen, und nicht von seinem Verstand leiten lässt (vgl. Akt 1, Szene 2). Er ist demnach zu charakterisieren als Schwärmer und Hitzkopf. Der Zuschauer und Leser lernt Karl Moor somit schon im ersten Akt als typischen Vertreter des Sturm und Drang kennen.

In der dritten Szene des zweiten Aktes, wird deutlich, dass Karl Moor als Räuberhauptmann ähnliche Interessen vertritt und somit auch verglichen werden kann, mit dem im 14. oder frühen 15. Jahrhundert lebenden Robin Hood. Im Gegensatz zu seinem Räuberbruder Spiegelberg nämlich, der Spaß daran hat sich auch an Schwachen und Hilflosen zu vergehen, wird Karl angetrieben vom Wunsch nach Gerechtigkeit. Karl bereichert sich nie an der Beute, verschenkt seinen Teil an die Armen und geht gegen Ausbeuter vor, die das Gesetz beugen. Karl setzt sogar sein Leben für die Räuberbande aufs Spiel, was zeigt, dass ihm tiefe Freundschaften und Vertrauen sehr wichtig sind (vgl. Akt 2, Szene 3). Es lässt sich also festhalten, dass auch im zweiten Akt Karls Charakter als Stürmer und Dränger deutlich wird. Er hält an den Idealen der Freundschaft und Gerechtigkeit fest und lehnt sich gegen die Obrigkeit auf.

Im dritten Akt in der zweiten Szene werden Karls schnelle Entscheidung sowie seine Stimmungsschwankungen noch verdeutlicht. Zum Szenenbeginn wirkt er sehr nostalgisch und wehmütig. Er trauert seiner verlorenen Unschuld der Jugend nach. Mittlerweile sei er nämlich zu einem „Ungeheuer" geworden. Karl sehnt sich zurück zu seiner Familie. Ihm ist allerdings klar, dass er durch seine Schandtaten in der Räuberbande für immer ausgeschlossen sei, „aus den Reihen der Reinen". Nach dieser Erkenntnis erneuert Karl seinen Treueschwur, indem er schwört, er werde die Bande niemals verlassen. Nachdem Konsinsky, ein weiterer Räuber, auftritt, und eine Geschichte der Fürstenwillkür und dem Verlust einer Geliebten erzählt, erkennt Karl die Parallelen zwischen Konsinskys Erzählungen und seinem eigenen Leben und beschließt, in die Heimat zurückzukehren und seine geliebte Amalia zu sehen. Zum Ende der Szene ist Karl nun leidenschaftlich und sehr aufgewühlt (vgl. Akt 3, Szene 2).

Seine Rückkehr zum Schloss, getarnt als Graf von Brand, bereut Karl Moor zunächst in Akt vier, Szene eins. Ihm erscheint das Schloss, der Ort an welchem er seine Kindheit verbracht hat, als Paradies und erinnert sich, typisch eines Sturm und Drang - Vertreters, schwärmerisch an seine sorglose Jugend. Ihm wird jedoch klar, dass seine früheren Pläne, ein Landsherr und Familienvater zu werden, scheiterten.

Sehr ergriffen ist Karl als er sich ein Bild seines, für tot gehaltenen, Vaters ansieht und als er bemerkt, dass Amalias Zuneigung zu ihm so weit geht, dass sie sich nach der Nachricht seines vermeintlichen Todes an nichts mehr wirklich erfreuen kann. Karl ist tief bewegt von Amalias Zuneigung und er macht sich selbst für den Tod seines Vaters verantwortlich. Seine Gefühle brechen nun aus ihm hinaus, was an der Tatsache zu erkennen ist, das er in unzusammenhängenden, bruckstückhaften Worten spricht („Fluch, Fluch, Verwerfung! – Wo bin ich? Nacht vor meinen Augen – […] Ich, ich hab ihn getötet") woran wieder ein typischer Sturm und Drang Aspekt zu erkennen ist. Seine Emotionen verdrängt Karl nicht, sondern lebt sie voll aus.

Auch in der dritten Szene des vierten Aktes machen sich Karls starke Gefühlsausbrüche bemerkbar, nachdem er die Nachricht vom Diener Daniel bekommt, sein Bruder Franz habe seinem Vater und Amalia Karls Tod vorgespielt. Karl ist daraufhin außer sich vor Empörung und beginnt zu toben, was sich im anschließenden Monolog in zahlreichen Interjektionen und Wiederholungen äußert („ Betrogen, betrogen! Da fährt es über meine Seele wie der Blitz! - Spitzbübische Künste! Mörder, Räuber durch spitzbübische Künste!").

Das Wiedersehen mit dem im Turm eingesperrten Vater in der fünften Szene des vierten Aktes stellt für Karl einen entscheidenden Wendepunkt dar. Statt wie geplant das Schloss zu verlassen und seinen Bruder Franz zu schonen, beschließt Karl Rache zu üben, nachdem er die schreckliche Leidensgeschichte seines Vater hörte (zerr ihn aus dem Bette, wenn er schläft […] liefr` ihn mir nicht tot! Dessen Fleisch will ich in Stücken reißen, und hungrigen Geiern zur Speise geben"). Karl Moors Gefühle in dieser Szene sind wieder stark extrovertiert. Er will Rache für sein zerstörtes Leben und das Schicksal seines Vaters nehmen und möchte wieder Gerechtigkeit herstellen.

In der letzten Szene des Dramas erreicht Karl die Nachricht von Franz' Selbstmord. Nachdem er in der letzten Szene sich noch herbeiwünschte, Franz eigenständig zu ermorden, scheint er nun erleichtert zu sein, da er nicht die Schuld eines Brudermords auf seinen Schultern tragen muss („ Habe Dank, Lenker der Dinger – Umarmet mich, meine Kinder – Erbarmung sei von nun an die Lösung - (…) alles überstanden."). Doch dieses Hochgefühl von Karl währt nicht lange. Als Amalia auftritt, stößt Karl sie von sich weg („sich losreißend, zu den Räubern") und offenbart in unzusammenhängenden Sätzen voller Ausrufe, die seinen Sturm und Drang - Charakter wieder hervorheben, dass er Karl sei und der Hauptmann einer Räuberbande . Voller Aufgewühltheit und Verzweiflung berichtet er, dass es für sie alle keine Rettung gebe. Dabei nimmt er in Kauf, dass sein geschwächter Vater diese Enthüllung nicht überleben wird. („Zu spät, Vergebens! Dein Fluch, Vater – frage mich nichts mehr! Ich bin, ich habe – dein Fluch […] Stirb durch mich [Vater] zum dritten Mal! […]. Dein Karl ist ihr Hauptmann").

Vor allem das Ende des Dramas zeigt noch einmal sehr verstärkt, dass Karl Moor ein Vertreter des Sturm und Drangs ist. Er tötet Amalia auf ihren Wunsch mit den Worten „Moors Geliebte soll nur durch Moor sterben". Seine extreme Liebe zu ihr kann er sich ein Leben ohne sie nicht vorstellen, doch Selbstmord komme für ihn nicht in Frage, da dadurch die „Harmonie der Welt" nicht wieder hergestellt werden könne. Er wolle sich vielmehr der Justiz ausliefern (vgl. Akt 5, Szene 2).

Zusammenfassend kann ich meine Leitfrage, ob Karl Moor ein typischer Vertreter des Sturm und Drangs ist, klar mit „Ja" beantworten.

Karl Moor vereint alle Sturm und Drang - Aspekte in seinem Charakter, die durch sein Handeln und durch seine Sprache klar zum Ausdruck gebracht werden. Durch sein Leben als Räuber ist er der Natur sehr verbunden, der Geniegedanke leitet sein Handeln und er wendet sich gegen gesellschaftliche Konventionen. Durch seine sehr ausdrucksstarke Sprache und sein Kommunikationsverhalten wird gezeigt, dass er ein sehr stürmisches Temperament hat und seine Entscheidungen aus dem Herz heraus trifft und nicht den Verstand verwendet. Am Ende scheitert er jedoch und muss erkennen, dass die sittliche Ordnung für alle Menschen, auch für ihn, bindend ist. Sich über sie zu stellen, egal aus welchem Grund, ist ein Frevel.

## 5. Formaler Aufbau des Dramas und Schreibstil Schillers in Bezug auf Sturm und Drang

### 5a) Schillers Dramentheorie

Schillers Theaterauffassung bestand daraus, dass er die Schaubühne als moralische Anstalt betrachtete. Ihm zufolge soll das Theater die moralische Bildung des Menschen fördern und ihm helfen, sein Handeln zu reflektieren und zu verbessern. Der Zuschauer oder Leser soll also sittlich geläutert werden, bedeutet, er soll sich innerlich reinigen, was für das Wiederaufleben des Gefühls sorgen soll, denn über Mitleid mit dem Helden im Drama soll das Publikum verbessert werden. Hierbei gilt, je ähnlicher der Held dem Publikum ist, desto mehr findet eine Identifikation statt, was die moralische Wirkung des Stückes fördert. Das Ziel eines Dramas ist es laut Schiller also, nicht nur zu unterhalten und Bewunderung im Publikum zu erzielen sondern er möchte psychische Prozesse anschaulich machen und somit im Betrachter Mitleid und Rührung erzeugen. [10]

Dies geschieht im Drama „die Räuber" moralisch durch die Kontrastierung von vorbildlichen und falschen Verhaltensweisen. Die Intrigante und hinterhältige Seite von Franz Moor trifft auf den nach Gerechtigkeit strebenden Karl Moor. Dem Zuschauer wird so bewusst, dass ehrliches und gerechtes Verhalten der richtige Weg ist. Rührung und Mitleid wird im Betrachter permanent ausgelöst. Zum einen durch den Verstoß von Karl Moor aus der Familie, zum anderen durch das tragische Ende, als es keine

---

[10]Bezug auf Unterrichtsmaterialien von Herrn Dr. Sperlich

Auswege mehr gab und Maximilian Moor, Franz Moor und auch Amalia starben.

## 5b) Schillers Dramenkonzeption

Im Bereich des Dramas kann man zwischen zwei Dramentypen unterscheiden. Dem geschlossenen - und dem offenen Drama. Das geschlossene und klassische Drama kennzeichnet, dass es sich der „Lehre von drei Einheiten" anpasst. Diese dramentheoretische Vorschrift basiert auf dem Philosophen Aristoteles. Dieser sieht vor, dass jedes Drama eine einheitliche Handlung mit „Anfang, Mitte und Ende" besitzt, die zeitliche Einheit eines Tages, also 24 Stunden, nicht überschreitet und auch der Ort ein einheitlicher ist. Im Drama „ Die Räuber" verstößt Schiller bewusst gegen die starre Regel dieser drei Einheiten. Zum einen sind die Handlungen sehr vielfältig. Zum einen gibt es die Familienhandlung, die im Schloss des Grafen Maximilian Moors und um Franz herum in Sachsen abläuft, zum anderen die Räuberhandlung um Karl in den böhmischen Wäldern. Erst am Ende laufen die beiden Handlungsstränge schließlich zusammen. Als weitere Handlung kann noch die Liebeshandlung und der Konflikt um die Gunst von Amalia benannt werden. Demnach findet sich im Drama weder eine Einheit der Handlung, noch ein einheitlicher Ort wieder. Bei der Handlungszeit des Dramas handelt es um etwa zwei Jahre, was der Vorgabe von 24 Stunden komplett widerspricht.

Als weiteres dramentheoretisches Konzept lässt sich das von Gustav Freytag entwickelte Pyramidenmodell nennen. Dieses Modell sieht vor, dass das Drama mit der Exposition beginnt, in welcher die handelnden Figuren und die Ausgangssituation vorgestellt werden. Die Steigung erfolgt dann mit dem erregenden Moment, was den „Anschub" und die Richtung des auftretenden Konflikts zeigt. Die Handlung wird dann bis zum Höhepunkt gesteigert, dann aber durch das tragische Moment noch einmal umgekehrt. In diesem Moment scheint die Auflösung des Konfliktes nicht mehr möglich. Ein eventueller Lösungsansatz folgt dann in dem retardierenden Moment, dem Moment der letzten Spannung, der dann aber in der Katastrophe endet.

Trotz der Aufhebung der Ständeklausel und der Prosaform erfüllt das Stück einige Kriterien eines geschlossenen Dramas, da die einzelnen Szenen einen festen Platz im Handlungsgefüge haben und nicht beliebig austauschbar sind. Das Drama ist gegliedert in die klassischen fünf Akte, lässt sich aber nicht ganz mit dem oben genannten pyramidalen Schema beschreiben, was an den zwei unterschiedlich verlaufenden Handlungssträngen im Drama liegt. Einen Höhepunkt der beiden Handlungen gibt es

am Ende des zweiten Aktes, als Franz´ Intrige aufzugehen scheint und Karl sich mit
seiner Bande gegen die feindlichen Reiter wehren muss. Innerhalb der Räuberhandlung
um Karl ist eine Umkehr der Handlung in Szene drei, Akt zwei zu erkennen, als Karl an
sich zweifelt und schließlich den Entschluss fasst, in seine Heimat und zu Amalia
zurückzukehren. Die Katastrophe ereignet sich am Ende beider Handlungsstränge, als
Franz Moor Selbstmord begeht und Karl seine Geliebte umbringt und sein Scheitern
erkennt. Aufgrund dessen würde ich das Drama als eine Mischform von geschlossenem
und offenem Drama bezeichnen, das aber eher in die Richtung des offenen Dramas
tendiert.

Auch aufgrund der halb geöffneten Dramenform lässt sich das Drama „die Räuber" als
Drama des Sturm und Drang identifizieren. Zwar sind Zeiten, in denen die eine
Stiltendenz möglichst ausschließlich realisiert wird, selten, jedoch bevorzugt zum
Beispiel die Epoche des Sturm und Drangs die offene Form, um sich gegen strikte,
auferlegte Regeln und Vorschriften zu wenden.

### 5c) Sprache des Sturm und Drangs im Drama

Besonders deutlich zeigt sich in der Sprache die Zugehörigkeit des Dramas in die
Epoche des Sturm und Drang. Zwar wird Schiller der Ständeklausel in dem Punkt
gerecht, dass die Hauptfiguren des Dramas der adeligen Schicht zuzuordnen sind,
jedoch entstammen viele Figuren der bürgerlichen Schicht oder sind sozialen
Randgruppen angehörig. Der Held Karl Moor wird zum Beispiel aus der adeligen
Gesellschaft verbannt und findet sich in einer Räuberbande außerhalb der Gesellschaft
wieder. Nichtadelige wie zum Beispiel der Diener Daniel oder der Räuber Spiegelberg
sprechen Sturm und Drang typisch nicht in Versen sondern in Prosa . Oft ist diese
Sprache derb und plastisch, übertreibend und voller Gefühl und Leidenschaft, mit vielen
Ausrufen und Brüchen in der Syntax (vgl. Akt 4, Szene 3: „Ei pfui doch, pfui doch! Das
ist nicht fein, einen alten Knecht so zum Besten haben – diese Narbe! He wisst ihr
noch?")
Die Sprache der beiden Hauptfiguren Karl Moor und Franz Moor unterscheidet sich
allerdings erkennbar. Während Karls Sprache sehr emotionsgeladen und expressiv ist
(vgl. Akt 5, Szene 2: „Toren ihr! Zu ewiger Blindheit verdammt"), ist Franz´
Sprechweise eher nüchtern und sehr analytisch (vgl. Akt 1, Szene 1: „da müsst ich ein
erbärmlicher Stümper sein, wenn ich es nicht einmal so weit gebracht hätte, einen Sohn
vom Herzen seines Vaters loszulösen").

Auch die verwendeten stilistischen Mittel Schillers sind typisch für den Sturm und Drang. Zum einen verwendet er zahlreiche Ausrufe (vgl. Akt 4, Szene 1: „Sei mir gegrüßt Vaterlandserde! Vaterlandshimmel! Vaterlandssonne"), zum anderen aber auch Frageketten (vgl. Akt 1, Szene 2: „Ehrlich sagst du? Meinst du, du seist nachher weniger ehrlich, als du itzt bist? Was heißt du ehrlich?") und Ellipsen (vgl. Akt 1, Szene 2: „ Es ist ein Aufstreich in meinem Kopf: Pietisten – Quacksalber – Rezesenten und Jauner"). Außerdem verwendet Schiller zahlreiche negativ („abgeschmackte Konventionen", „schlapp", „Kastratenjahrhundert" ), aber auch positiv besetzte Begriffe („Herz", „Kraft", „Natur", die zur Epoche Sturm und Drang passen. Auffallend finde ich auch die Kraftausdrücke („Hölle und Teufel!"), die Übertreibungen („So liebte kein Sohn") und die zahlreichen Satzbrüche („du bist der Mann dazu, sauf, Bruder, sauf!") im Text. Typisch für den Sturm und Drang sind außerdem die oft auftretenden Worthäufungen („Schmach und Fluch und Verfolgung") und die Metaphern („ich habe euch einen einen Engel geschlachtet") die Schiller verwendet. Auch Klimaxe („erzielen, zermalen, zernichten") sind typisch. Des Weiteren hat der Autor in seinem Drama viele lyrischen Elemente in Form der zahlreichen Lieder verwendet (vgl. Akt. 5, Szene 1: „Die Räuber (singen)").

So habe ich auch auf stilistischer Ebene festgestellt, dass das Drama vielen Kriterien des Sturm und Drang entspricht und dass Schiller die Sprache der Figuren und auch die Personen selbst auf diese Epoche abgestimmt hat.

## 6. Wie viel Schiller steckt in der Hauptfigur Karl Moor?

Im Hinblick auf die biographischen Aspekte Schillers lassen sich zwischen ihm und Karl Moor einige Parallelen ziehen. Friedrich Schiller wurde geboren im Jahr 1759 in Marbach am Neckar, was im damaligen Herzogtum Würtemberg lag. Seine Kindheit verbrachte er allerdings in Schwaben, wo sein Familienleben von seinem autoritären Vater beherrscht wurden, der als Ideale das Pflichtbewusstsein, den Ordnungssinn und die Rechtschaffenheit hatte[11], sodass der junge Schiller die patriarchalische Ordnung verinnerlichte, was auch im Drama „Die Räuber" deutlich wird, wo deren Zerrüttung eine Katastrophe nach sich zieht. Auf Wunsch des damaligen Herzogs Carl Eugen, musste Schiller sein Interesse in der Theologie verdrängen und an einer stark militärisch geprägten Universität studieren, was für Schiller einen Verlust der Kindheit bedeutete.[12]

---

[11] rororo – Friedrich Schiller S. 10ff.
[12] rororo – Friedrich Schiller S. 12f.

Sein Interesse an der Theologie zeigt sich auch im Drama „die Räuber", wo er sich an den Geschwistern Kain und Abel, den Söhnen von Adam und Eva, und deren Eifersucht orientiert. In der biblischen Geschichte erschlägt Kain den Abel.[13] Zwar war Schiller ein begabter und fleißiger Student mit einem großen Leseeifer, er lehnte sich allerdings gegen das herrschende System aus Unterordnung und Disziplin, gegen den Uniformzwang und Abschottung nach außen auf.[14] Die Räuberwelt unter Karl Moor bildete demnach für ihn einen Gegensatz zu seiner eigenen Erfahrungswelt. Karl Moors Individualismus und seine Freiheitsliebe, seine Rebellion gegen die herrschende Ordnung, seine Verachtung der Gelehrtenwelt und die Betonung von Tatkraft und selbstbestimmtem Handeln sind von den Ideen des Sturm und Drang beeinflusst und ebenfalls auf die Figur Schiller übertragbar, wobei Schiller auch immer auch die Problematik dieser Haltung verdeutlicht, denn der Schluss des Dramas zeigt, dass Karl kein typischer „Selbsthelfer" ist. Er stellt sich nicht gegen die Gesellschaft und sein Denken und Handeln stehen nicht im Einklang. Am Ende wird Karl gezwungen sein Handeln zu reflektieren und er muss sein Scheitern einsehen. Dies zeigt, dass Schiller zwar der Idee von Freiheit und Gerechtigkeit entgegenblickte, eine komplette Umwälzung der bestehenden Verhältnisse jedoch als nicht umsetzbar darstellt. Karl stellt er des Weiteren im Drama als eine Art „Robin Hood" dar, der von den Reichen und Ungerechten nimmt und den Schwachen und Armen gibt. Dies zeigt noch einmal, dass sich auch Schiller gegen Ungerechtigkeit und Willkür der Herrschaft auflehnen wollte. Aber auch die Religion kritisiert Schiller, indem er das Sprachrohr Karl Moor nutzt. Er kritisiert hierbei vor allem die von der Kirche verursachen Ungerechtigkeiten, vor allem, weil die Geistlichen in allzu weltlicher Art und Weise nur auf Geld, Einfluss und Macht aus sind und den eigentlichen christlichen Glauben in den Hintergrund stellen. Deutlich wird dies in der Konversation zwischen Karl Moor und dem Pater. Zum Beispiel als Karl von einem Pfarrer berichtet, der „offener Kanzel geweint hatte, dass die Inquisition so in Zerfall käme" (Akt 2, Szene 3). Karl entlarvt die Kirche hier auch als unbarmherzig und verlogen (vgl. Akt 2, Szene 3: „predigen Liebe des Nächsten, und fluchen den achtzigjährigen Blinden von ihren Türen hinweg").

Man kann also zusammenfassend sagen, dass Schiller Karl Moor als Sprachrohr für seine Ansichten und Denkweisen nutzt und dass er auch seine Vergangenheit und Erlebnisse auf den Protagonisten überträgt.

---

[13]http://www.katholisch.de/de/katholisch/themen/kinder_1/erntedank_1/kain_und_abel.php
[14]http://www.zum.de/Faecher/G/BW/Landeskunde/schwaben/museen/wlb/schiller/biografie.htm

# 7. Schluss

Als Ergebnisse möchte ich zusammenfassen, dass das Drama „die Räuber" als ein Drama des Sturm und Drangs gekennzeichnet werden kann. Das Motiv der verfeindeten Brüder, was Schiller aufgreift, gehört zu den bevorzugten Themen des Sturm und Drang. Es erlaubt die Zerstörung einer patriarchalisch geordneten Familie von innen, um Zweifel an einer von der Aufklärung optimistisch erhofften, vernunftbestimmten Welt auszudrücken. Mit Franz stellt Schiller das Streben nach Selbstverwirklichung ohne Rücksicht auf soziale und moralische Bindungen dar. Karl dagegen strebt nach Freiheit und fühlt sich nicht an Gesetzte gebunden. Er nutzt dies nicht zur Durchsetzung egoistischer Bestrebungen, sondern um eine bessere, gerechteren Welt zu schaffen. Jedoch erkennt Karl am Ende sein schuldhaftes Handeln. Auch mithilfe der ausdrucksstarken Sprache, vor allem von Karl Moor, erschafft Schiller ein Drama des Sturm und Drangs. Hinzu kommen die zahlreichen Schauplatzwechsel und die zwei Handlungsstränge, der erst am Ende zusammenlaufen.

Schiller orientiert sich nicht an der traditionellen Tragödie, sondern schafft ein Drama, was den Zuschauer dazu bringt sein eigenes Handeln zu reflektieren und sich zu bessern. Er möchte Mitleid und Rührung erzeugen und reine Bewunderung der Zuschauer reicht ihm nicht aus.

Ich finde das Drama deshalb als Sturm und Drang Drama sehr gut gelungen.

# 8. Quellenverzeichnis

http://wortwuchs.net/literaturepochen/sturm-und-drang/ – 30.01.2015, 14:15 Uhr

Schnellkurs – Deutsche Literatur – Winfried Freund – 2000 DuMont Buchverlag Köln

http://www.rossipotti.de/inhalt/literaturlexikon/epochen/sturm_und_drang.html
– 01.02.2015, 16:35

https://deutschkursd2.wordpress.com/2009/05/07/die-politische-soziale-und-okonomische-situation-in-deutschland-im-18-jahrhundert/ – 04.02.2015 – 17:10

Schöningh – Friedrich Schiller, Die Räuber... verstehen – Matthias Ehm – 2012 Bildungshaus Schulbuchverlage

Schöning – Zeiten und Menschen 1 – Hans-Jürgen Lendzian – 2007 Bildungshaus Schulbuchverlage

rororo – Friedrich Schiller – Claudia Pilling – 2002 Rowohlt Taschenbuch Verlag

http://www.katholisch.de/de/katholisch/themen/kinder_1/erntedank_1/kain_und_abel.php – 19.02.2015, 15:55

http://www.zum.de/Faecher/G/BW/Landeskunde/schwaben/museen/wlb/schiller/biografie.htm – 19.02.2015, 18:00

Textausgabe „Die Räuber": Friedrich Schiller Die Räuber – Uwe Jansen – 2014 Philipp Reclam